BEI GRIN MACHT SICH IHR WISSEN BEZAHLT

- Wir veröffentlichen Ihre Hausarbeit, Bachelor- und Masterarbeit

- Ihr eigenes eBook und Buch - weltweit in allen wichtigen Shops

- Verdienen Sie an jedem Verkauf

Jetzt bei www.GRIN.com hochladen und kostenlos publizieren

Bibliografische Information der Deutschen Nationalbibliothek:

Die Deutsche Bibliothek verzeichnet diese Publikation in der Deutschen Nationalbibliografie; detaillierte bibliografische Daten sind im Internet über http://dnb.d-nb.de/ abrufbar.

Dieses Werk sowie alle darin enthaltenen einzelnen Beiträge und Abbildungen sind urheberrechtlich geschützt. Jede Verwertung, die nicht ausdrücklich vom Urheberrechtsschutz zugelassen ist, bedarf der vorherigen Zustimmung des Verlages. Das gilt insbesondere für Vervielfältigungen, Bearbeitungen, Übersetzungen, Mikroverfilmungen, Auswertungen durch Datenbanken und für die Einspeicherung und Verarbeitung in elektronische Systeme. Alle Rechte, auch die des auszugsweisen Nachdrucks, der fotomechanischen Wiedergabe (einschließlich Mikrokopie) sowie der Auswertung durch Datenbanken oder ähnliche Einrichtungen, vorbehalten.

Impressum:

Copyright © 2012 GRIN Verlag, Open Publishing GmbH
Druck und Bindung: Books on Demand GmbH, Norderstedt Germany
ISBN: 9783668276307

Dieses Buch bei GRIN:

http://www.grin.com/de/e-book/337904/verkaufsmanagement-im-sportverein

Sabrin Byaah

Verkaufsmanagement im Sportverein

GRIN Verlag

GRIN - Your knowledge has value

Der GRIN Verlag publiziert seit 1998 wissenschaftliche Arbeiten von Studenten, Hochschullehrern und anderen Akademikern als eBook und gedrucktes Buch. Die Verlagswebsite www.grin.com ist die ideale Plattform zur Veröffentlichung von Hausarbeiten, Abschlussarbeiten, wissenschaftlichen Aufsätzen, Dissertationen und Fachbüchern.

Besuchen Sie uns im Internet:

http://www.grin.com/

http://www.facebook.com/grincom

http://www.twitter.com/grin_com

Deutsche Hochschule für
Prävention und Gesundheitsmanagement

Einsendeaufgabe

Inhaltsverzeichnis

1 EINSENDEAUFGABE 1 4

1.1 Die 13 Stufen des Verkaufs 4

    1.1.1 SPIN-Methode 11

1.2 Formulierungen 12

2 EINSENDEAUFGABE 2 13

2.1 Das Konzept der Selbstkonkordanz 13

2.2 Testuntersuchungen 14

2.3 Strategien 16

3 EINSENDEAUFGABE 3 18

3.1 Formeln 18

3.2 Berechnungen der Kennzahlen 19

3.3 Fluktuationsquote 2013 20

TABELLENVERZEICHNIS 22

ABBILDUNGSVERZEICHNIS 22

QUELLENANGABEN 23

Hierbei wurde beachtet, dass der folgende Ausbildungsbetrieb kein Fitnessstudio, sondern ein Sportverein ist. Daher wird in den nachstehenden Aufgaben zum Teil mit einem vorherigen Ausbildungsbetrieb und teilweise mit fiktiven Angaben gearbeitet.

Tab. 1: Klassifizierung / Einordnung des Ausbildungsbetriebes (eigene Darstellung)

Name der Anlage und Standort	Turnverein
	Klassifizierung / Einordnung
Anlagenstruktur	Racket-Studio
Größe der Anlage	2.500 – 4.000 qm
Preisstruktur der Anlage	bis 29,99 €
Beschreibung der Kernleistung	Kurse

1 EINSENDEAUFGABE 1

1.1 Die 13 Stufen des Verkaufs

Zu jeder Stufe des Verkaufs findet man zuerst eine kurze Definition, danach die Übertragung auf den Betrieb und zum Schluss den Verbesserungsvorschlag.

Als Betrieb wird hier ein vorheriger Ausbildungsbetrieb verwendet, da sich der Verkauf in einem Sportverein ausschließlich auf das ausfüllen von Mitgliedsvereinbarungen beschränkt.

Kurz zum vorherigen Betrieb: Es handelte sich um ein Discount-Studio (Gemischtes Studio) mit einem monatlichen Beitrag von unter 29,99€ und einer Anlagenstruktur von 1.500 bis 2.499 qm.

1. Begrüßung
   ### 1.1. Vorbereitung
   Definition
   - Organisatorische Vorbereitung
     - Terminmanagement
     - Unterlagen bereitlegen
     - alle Informationen über den Kunden parat haben
   - Mentale Vorbereitung (auf die Verkaufssituation)

   Übertragung
   Beide Arten der Vorbereitung fanden hier nicht statt, da fast ausschließlich mit Walk-Ins gearbeitet wurde. Kunden, die das Studio telefonisch kontaktierten, bekamen keine Termine, sie wurden stattdessen eingeladen spontan vorbeizukommen. Dementsprechend unsicher sind die Mitarbeiter bei einem Verkaufsgespräch gewesen.

   Verbesserung
   Dies lässt sich beheben, wenn mit Terminvereinbarungen gearbeitet wird und sich mental auf jeden einzelnen Kunden vorbereitet wird.

1.2. Kontaktaufnahme

Definition
- Vertrauensebene schaffen
- Mimik
- Gestik
- Kleidung/Aufmachung
- Vorstellung (Name, Funktion)

Übertragung

Kunden wurden freundlich begrüßt, man stellte sich mit Vornamen vor und die Arbeitskleidung war zwar sportlich aber nicht einheitlich.

Verbesserung

Bei der Begrüßung sollten Vor- und Zuname genannt werden, um dem Kunden die Wahl zum Duzen oder Siezen zu lassen. Ebenso ist eine einheitliche Arbeitskleidung als Erkennungsmerkmal von Vorteil, damit auch Neukunden die Mitarbeiter von den Kunden unterscheiden können.

1.3. Persönliche Beziehungsebene

Definition
- Sitzposition beachten
- Ausführliches Beziehungsgespräch
    - Allgemeine / Spezielle Interessen als Thema (Tabuthemen beachten und nützliche Information für das Beratungsgespräch herausfinden)
    - Gemeinsamkeiten finden
- Direkter Gesprächseinstieg
    - Eher für kurze Beratungsgespräche geeignet

Übertragung

Der bewusste Aufbau einer persönlichen Beziehungsebene fand nicht statt. Kunde und Verkäufer saßen sich an einem Bistrotisch schräg gegenüber.

Verbesserung

Gemeinsamkeiten und Interessen herausfinden, führt zu einer Verbesserung der anfänglich aufgebauten Vertrauensbasis.

2. Bedarfsanalyse

2.1. Bedarfsanalyse

<u>Definition</u>
- Bewusste (Hot Button) und unbewusste Bedürfnisse herausfinden
- SPIN-Methode anwenden
- Aktives Zuhören
- Fragestellung beachten (hauptsächlich offene Fragen)
- Spiegeleffekt (Pacing) anwenden
- Einwand Vorbehandlung

<u>Übertragung</u>

Beim Herausfinden von Bedürfnissen beschränkte man sich lediglich auf den ‚Hot Button', da die Zeit für ein Verkaufsgespräch zu knapp kalkuliert war. Anstelle der SPIN-Methode und des Spiegeleffekts, stellte man willkürlich Fragen.

<u>Verbesserung</u>

Alles in allem sollte das Augenmerk nicht nur auf den Abschluss einer Mitgliedschaft gerichtet sein, sondern auch darauf, sich mehr Zeit für eine individuelle Bedarfsanalyse zu nehmen, um den Kunden auch längerfristig an das Unternehmen zu binden. Ein Leitfaden oder allgemeiner Fragenkatalog für die Mitarbeiter ist zudem von Vorteil, damit eine gewisse Sicherheit gegeben werden kann und nichts vergessen wird.

3. Angebotspräsentation

3.1. Angebotspräsentation

<u>Definition</u>
- KISS – Keep it short and simple
- Merkmale beschreiben
- Vorteile aufzeigen
- Nutzen liefern
- Sinnesaktivierung (visuell, sensorisch, kinästhetisch etc.)
- Rhetorische Mittel (positive Formulierung)

<u>Übertragung</u>

Nachdem der „Hot-Button" gefunden war, präsentierte man das passende Angebot dem Kunden. Der KISS-Methode bediente man sich hier unbewusst, dennoch fand sie Anwendung. Ebenso die Sinnesaktivierung, die man bei einem kurzen Rundgang durch Zeigen und Ausprobieren der Geräte oder das Besichtigen des Kursraums nutzte. Positive Formulierungen sah man stets als selbstverständlich an, allerdings aus Gewohnheit nicht immer hundertprozentig übertragen.

Verbesserung

Mehr Konzentration und Vorbereitung kann dazu führen einzelne wichtige Punkte zu beachten und sorgfältiger umzusetzen.

3.2. Angebots- und Bestätigungsphase

Definition
- Geschlossene und Suggestivfragen nutzen, zum Interessebestätigung und Nutzenverständnis des Kunden
- Vorteile einer Mitgliedschaft wiederholen

Übertragung

Erst nachdem für den Verkäufer deutlich war, dass der Kunde klares Interesse zeigte und auch den Nutzen dahinter sah, befasste man sich mit den nächsten Verkaufspunkten.

3.3. Entschluss für Fitness

Definition
- Frage zur Grundsatzentscheidung
- „Ja" abwarten

Übertragung

Zwar wurde dies nicht als separater Punkt in das Verkaufsgespräch mit aufgenommen, dennoch wurde im Laufe des Gesprächs ein zustimmendes „Ja" zu Fitness abgewartet.

3.4. Preispräsentation für Mitgliedschaft

Definition
- Möglichkeiten und Preisgestaltung
- Kosten/Nutzen Relation (kleiner Preis, großer Nutzen)

Übertragung

Jedem Kunde wurde das passende Angebot präsentiert und ihm das Preis-Leistungs-Verhältnis deutlich gemacht.

3.5. „Ja" zur Mitgliedschaft

Definition

- Angebotsakzeptanz sicher stellen
- Empfehlung aussprechen

Übertragung

Im Grunde wird dies im Betrieb mit den Punkten der Preispräsentation und dem Entschluss für Fitness zusammengefasst.

3.6. Preispräsentation für das Startpaket

Definition

- Nutzen aufzeigen
- Breites Leistungsspektrum anbieten
- Entsprechende Gegenleistung

Übertragung

Eine Check-In Karte, eine Informationsbroschüre und einen Termin für eine Ersteinweisung präsentierte man dem Kunden als Startpaket.

Verbesserung

Zusätzlich können verschiedene Tests, Werbemittel vom Studio (u.a. Trinkflasche, Handtuch oder Sporttasche mit Logo), Gutscheine oder auch ein Trainingsplan dem Startpaket zugefügt werden.

4. Abschluss

4.1. Vorabschluss

Definition

- „Nein" verhindern (keine Frage zum Abschließen der Mitgliedschaft)
- 3 Stufen Strategie (Übereinstimmung, offene Fragen klären, fortschrittsorientierte Vereinbarung)
- Abschlusssignale deuten
- Gefühl der bereits abgeschlossenen Mitgliedschaft geben

Übertragung

Fragen zum Abschließen einer Mitgliedschaft vermied der Verkäufer und beantwortete jegliche ungeklärte Fragen.

Verbesserung

Dennoch ist es hilfreich den Kunden durch eine Meinungsfrage („Ist Ihnen die Basis Mitgliedschaft oder die Bonus Mitgliedschaft lieber?"), einen provisorischen Abschluss („Angenommen Ihre Wünsche stimmen mit dem Angebot der Mitgliedschaft überein, schließen Sie dann eine ab?") oder einen definitiven Abschluss („Sind alle offenen Fragen geklärt? Dann ist das genau das Richtige für Sie!") in Richtung einer Mitgliedschaft zu leiten. (Sommer, 2009, S.76)

4.2. Abschluss einer Mitgliedschaft

Definition

- Mitgliedschaft wird vom Verkäufer ausgefüllt und erläutert
- durchlesen lassen
- kurze Zusammenfassung der wesentlichen Punkte

Übertragung

Beim Ausfüllen der Mitgliedschaft erläuterte man alle wichtigen Punkte, besprach die AGB's und gab dem Kunden Zeit sich alles in Ruhe durch zu lesen.

4.3. After-Sales-Phase

Definition

- Positive Entscheidungsbestätigung
- Informationsmappe überreichen
- Zusatzverkäufe (Shakes etc.)
- Mitarbeiter vorstellen
- Termine vereinbaren (Einweisung, Tests)
- Empfehlungs- /Gastkarten mitgeben

Übertragung

Am Ende stellte man das Neumitglied den anderen anwesenden Mitarbeitern vor, gegebenenfalls (falls vor Ort) auch dem zuständigen Trainer für die vereinbarte Ersteinweisung. Die Informationsmappe sowie die Terminkarte wurden überreicht.

<u>Verbesserung</u>

Gastkarten für Familie und Freunde sollte man unbedingt mitgeben, da dies potenzielle Interessenten sind. Außerdem kann als positiver Nebeneffekt eine Shakeprobe angeboten werden, die zu späteren Käufen führen kann.

Gewisse Autonome und Routineabläufe bei einem Verkaufsgespräch sind vorteilhaft, da Sie dem Verkäufer Sicherheit und Selbstbewusstsein geben und sich das positiv auf den Kunden auswirkt. Dennoch sollte sich immer wieder bewusst gemacht werden welche wichtigen Punkte Priorität haben und diese durch Konzentration und gute Vorbereitung bewusst im Verkaufsgespräch anwenden.

1.1.1 SPIN-Methode

Wie auch in der vorangegangenen Aufgabe wird hier vom vorherigen Betrieb ausgegangen. Allerdings wendete man nicht die SPIN-Methode (nach Rackham, 1988) als solche an, sondern man bediente sich allgemeiner Fragen, die sich nicht nach einem Konzept richteten. Diese Fragestellungen wurden deshalb der angeforderten SPIN-Methode zugeordnet, andere fiktiv hinzugefügt.

S Situation / Situationsfrage

Sie dient der Informationsbeschaffung über die gegenwärtige Situation des Kunden. Man sollte diese Fragetechnik vorsichtig einsetzen, um dem Kunden nicht das Gefühl eines „Verhöres" zu geben. (Schlick, 2011)

„Haben Sie bisher Sport getrieben? Wenn ja: Welche Art und in welcher Häufigkeit?"

„Welchen Beruf üben Sie aus?"

P Problem / Problemfragen

Mit aktivem Zuhören und offenen Fragen sollen mögliche Probleme, Schwierigkeiten und Unzufriedenheit des Kunden auf den Grund gegangen werden, um mit der angebotenen Dienstleistung die Lösung aufzeigen zu können. (Schlick, 2011)

„Sind Sie körperlich fit oder haben Sie akute Beschwerden, bzw. Krankheiten oder bisherige und bevorstehende Operationen die beachtet werden müssen?"

I Implikation / Implikationsfrage

Dem Kunden soll die Auswirkung der Lösung, die man für sein spezifisches Problem gefunden hat, deutlich werden. Den Nutzen über die Kosten stellen.

„Was denken Sie, welche Auswirkungen ein für Sie abgestimmtes Fitnessprogramm hat?"

N Nützlichkeit / Nützlichkeitsfrage

Eine gezielte Formulierung der Fragen soll den Kunden selbst zur Lösungsfindung bringen.

„Welchen Vorteil hätte regelmäßiges Training für Sie?"

1.2 Formulierungen

In folgender Tabelle finden sich negative Formulierungen aus der Praxis eines Verkaufsgespräches wieder, die durch positive Formulierungen ersetzt werden.

Tab. 2: 10 Formulierungen (eigene Darstellung)

Negative Begriffe	Positive Begriffe
bezahlen	investieren
billig	preiswert
Das geht nicht.	Wie wäre es mit folgendem Vorschlag.
Das weiß ich nicht.	Gerne kläre ich Ihre Frage und benachrichtige Sie am _____ .
Konkurrenz	Mitbewerber
Kosten	Beitrag, Investition
Sie haben gesagt, ...	Ich habe Sie so verstanden, ...
Sie haben mich falsch verstanden.	Ich habe mich wohl undeutlich ausgedrückt.
unterschreiben	bestätigen
Vertrag	Mitgliedschaft

Negative Formulierungen sollten möglichst vermieden werden, da unsere rechte Gehirnhälfte keine Negationen versteht – sie denkt in Bildern. Daher sollte man ‚Nicht' – Sätze umgehen, da sie eine Abwehrhaltung beim Gesprächspartner erzeugen. Positive Ausdrucksweisen erzielen beim Kunden auch eine positive Stimmung, das Gespräch findet in einer gelösten offenen Atmosphäre statt.

2 EINSENDEAUFGABE 2

2.1 Das Konzept der Selbstkonkordanz

Beim Selbstkonkordanz-Modell nach Sheldon und Elliot (1999) wird die Abhängigkeit von der Auswahl, der Verfolgung und dem Erreichen von Zielen erläutert. Dies bedeutet, dass untersucht wird, in welchem Ausmaß die persönlichen Interessen und Werte einer Person mit deren Ziele übereinstimmen. Umso höher die Übereinstimmung, desto selbstkonkordanter ist dieses Ziel.

Der Grundgedanke dieses Modells wurde von der Selbstdeterminations-Theorie (Deci & Ryan, 1991; Ryan & Deci, 2002) abgeleitet. Bei welcher allerdings die Handlungsregulation im Vordergrund steht. Deci und Ryan unterscheiden zwischen Handlungen, die aus freien Stücken und Handlungen, die von inneren und äußeren Zwängen geleitet werden.

Dagegen sind Sheldon und Elliot (1999) der Meinung, dass bereits bei der Zielformulierung die Selbstkonkordanz eines Ziels bewertet werden kann. Hierbei unterteilt man wiederrum in vier Modi der Selbstkonkordanz. Wobei die ersten drei Modi (externaler Modus, introjizierter Modus, identifizierter Modus) zu den extrinsischen Motivationen, also solche, die durch äußere Einflüsse eingeleitet werden, zählen. Nur der intrinsische Modus wird der intrinsischen Motivation untergeordnet.

Um eine kurze Definition der Modi zu beschreiben, wird mit dem hierarchisch untersten, sprich dem mit der niedrigsten Selbstkonkordanz, begonnen:

Im **externalen Modus** werden die Beweggründe ausschließlich vom Umfeld und äußeren Einwirkungen bestimmt.
„Ich mache Sport, weil ich den Beitrag von der Krankenkasse erstattet zu bekommen."

Beim **introjizierten Modus** werden die Gründe zwar auch von außen vorgegeben, allerdings hat man die Intention, die dazu führte, verinnerlicht.
„Ich mache Sport, weil der Arzt es mir verordnet hat."

Der **identifizierte Modus** besagt, dass man sich selbst aus Überzeugung dazu entschlossen hat, ein Ziel zu verfolgen.

„Ich mache Sport, weil ich fit bleiben will."

Die höchste Selbstkonkordanz findet sich im **intrinsischen Modus** wieder. Er ist somit der einzige Modus der intrinsischen Motivation. Von ihm wird ausgegangen, wenn eine Handlung um ihrer selbst willen getan wird, ohne dass Einflüsse von außen vorliegen.

„Ich mache Sport, weil es mich begeistert."

2.2 Testuntersuchungen

Anbei werden Aussagen von jeweils zehn Männern und Frauen in einer Tabelle den dazugehörigen Modi zugeordnet und anschließend in einer prozentualen Verteilung in einer Grafik dargestellt.

Tab. 3: Testuntersuchung der Männer (eigene Darstellung)

Kundenaussage (männlich)	Modus
„Es wurde mir nach meiner Knie OP vom Arzt verordnet."	introjiziert
„Mein bester Freund hat mich überredet."	introjiziert
„Mein Vater ist Trainer des Volleyballteams und nimmt mich immer mit. Aber ich würde viel lieber Playstation spielen mit meinen Freunden."	introjiziert
„Eigentlich mache ich ungern Sport, aber ich bin meiner Freundin zu liebe dabei. Sie meint ich müsse abnehmen."	introjiziert
„Im Alter muss man einfach Sport machen damit man so lange wie möglich fit bleibt."	identifiziert
„Taekwondo finde ich toll, weil mich dann die älteren Jungen in der Schule nicht mehr ärgern."	identifiziert
„Mehr Sport im neuen Jahr - bisher klappt es sehr gut."	identifiziert

„Sport ist mein Leben, da ich selbst Personal Trainer bin."	**intrinsisch**
„Sport mache ich schon mein ganzes Leben. Es ist super."	**intrinsisch**
„Meine Frau und ich lieben Wandern. Einmal in der Woche treffen wir uns hier mit unserem Lauftreff im Verein."	**intrinsisch**

Tab. 4: Testuntersuchung der Frauen (eigene Darstellung)

Kundenaussage (weiblich)	**Modi**
„Meine Krankenkasse erstattet mir den Beitrag der Rückengymnastik."	**external**
„Unsere Firma hat eine Kooperation mit dem Verein, das heißt wir müssen am Firmenfitness Kurs teilnehmen."	**external**
„Als Sekretärin sitzt man sehr viel, daher habe ich starke Rückenschmerzen, der Arzt empfahl mir Sport zu treiben."	**introjiziert**
„Mein Arzt hat es mir wegen meines starken Übergewichtes verschrieben."	**introjiziert**
„Sport ist für mich der perfekte Ausgleich zum stressigen Alltag. Ohne meine Kurse bin ich schnell gereizt."	**identifiziert**
„Alle meine Freundinnen machen Zumba."	**identifiziert**
„Seit kurzem besuche ich den Slackline Kurs. Ich probiere gerne neue Sportarten aus damit es nie langweilig wird."	**intrinsisch**
„Ich liebe Tanzen seit ich den Film Street Dance sah."	**intrinsisch**
„Mein Freund macht Crossfit und seit er mich überredet hat mit zu machen kann ich mir nichts besseres mehr vorstellen. Es ist super."	**intrinsisch**
„Der Kurs während der Kindergartenzeit ist super, da ich als Mutter jetzt endlich wieder die Möglichkeit habe Sport zu machen."	**intrinsisch**

Abb. 1: Prozentuale Aufteilung der Modi (eigene Darstellung)

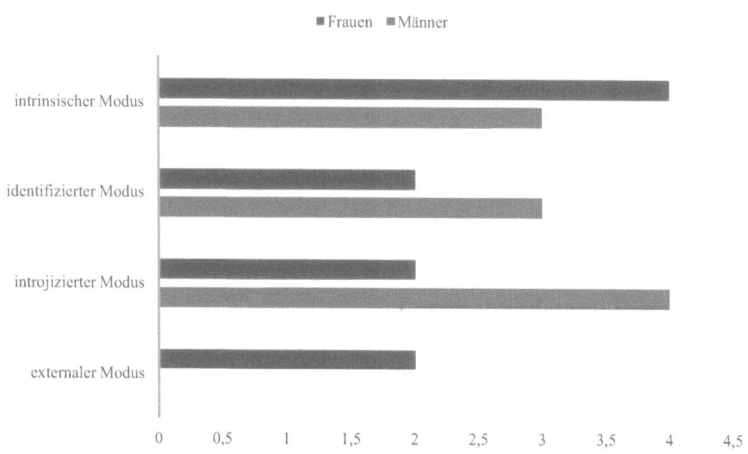

2.3 Strategien

Vom externalen Modus in den introjizierten Modus

Meist sind hiervon Personen betroffen, welche man durch äußere Einflüsse zum Sport trieb. Arbeitgeber die wegen Kooperationen (Firmenfitness etc.) ihre Angestellten zum Fitness auffordern oder Krankenkassen die Patienten nach Operationen in ein Studio bzw. zu speziellen Kursangeboten schicken – diese Mitglieder gilt es mit viel Überzeugungskraft und Einfühlungsvermögen zu weiterführenden Mitgliedschaften zu motivieren.

Wichtig hierbei ist unter anderem der Wohlfühlfaktor: Neumitglieder den Mitarbeitern vorstellen, sie mit Namen kennen und ansprechen und vor Allem sie in Gruppen oder Kurse integrieren, wodurch Zugehörigkeit vermittelt und eine positive Atmosphäre geschaffen wird.

Individuelle Trainingspläne, Wünsche und Ziele zusammen erarbeiten und die Probleme und Beschwerden ernst nehmen und beheben. Dies sind einige Möglichkeiten dem Mitglied zu zeigen – Du bist uns wichtig!

Vom introjizierten Modus zum identifizierten Modus

Adipositas, Rückenleiden, häufig auftretende Beschwerden oder andere Faktoren führen in diesem Fall oft zu Mitgliedschaften die nicht aus eigener Überzeugungskraft getätigt werden.

Aussagekräftige Informationen darüber, wie Sport und regelmäßiges Training deren persönliche Beschwerden lindern, sind für den Anfang eine gute Basis.

Vorteile wie „Durch Abnehmen hast du die Möglichkeit wieder mit deinen Kindern zu spielen" oder „ohne Rückenbeschwerden können Sie wieder schmerzfrei ihrer Leidenschaft vom Gärtnern nachgehen" sind nur zwei von vielen Aussagen die Mitglieder ein Stück mehr überzeugen können. Die Kunst ist es sie durch positive Bilder, die sich im Unterbewusstsein manifestieren, zu bestärken und Verbote oder Aufforderungen wie „Sie sollten Ihrer Gesundheit zu liebe dringend abnehmen" oder „Sie müssen auf Süßigkeiten verzichten" zu unterlassen.

Auch Spiele oder Chalanges die Spaß machen und mit Kleinigkeiten wie Gutscheine oder ähnliches belohnt werden, setzen neue Reize, welche die Motivation fördern.

Passende auf die Person zugeschnittene realistische Ziele, die den Anstoß zum weitertrainieren geben sollen, sind ebenfalls von großer Wichtigkeit.

Hin zum intrinsischen Modus

Sport ist der Weg zum Ziel – könnte man hier als kurze Beschreibung für den identifizierten Modus nennen. Ziele trifft man zwar aus eigener Intention, allerdings ist der Sport nur Mittel zum Zweck. „Sport lindert meine Rückenschmerzen" könnte eine Aussage von betroffenen Mitgliedern sein.

In dieser Phase ist es wichtig Ziele stets anzupassen und gegebenenfalls neu zu formulieren. Trainingserfolge ersichtlich zu machen, beispielsweise mit Kontrollmessungen anhand von regelmäßig durchgeführten Tests, ist für viele Mitglieder äußerst wichtig. Ebenso führen neue Trainingspläne zu mehr Motivation sein Ziel schneller zu erreichen oder gar neue Ziele vor Augen zu haben.

Als Mitarbeiter einer Sportstätte muss man stets dahinter sein, für jedes Mitglied das Beste zu wollen und sie bei der Zielerreichung so gut es geht zu unterstützen.

3 Einsendeaufgabe 3

3.1 Formeln

Telefonquote (TQ)

$$TQ = \frac{\text{Anzahl der vereinbarten Beratungstermine}}{\text{Anzahl Interessentenanrufe}} \times 100$$

Termineinhaltungsquote (TEQ)

$$TEQ = \frac{\text{Anzahl der erschienenen Beratungstermine}}{\text{Anzahl der vereinbarten Beratungstermine}} \times 100$$

Abschlussquote (AQ)

$$AQ = \frac{\text{Anzahl der abgeschlossenen Mitgliedschaften}}{\text{Anzahl der durchgeführten Beratungen}} \times 100$$

Fluktuationsquote (FQ)

$$FQ = \frac{\text{Anzahl der Abgänge}}{\text{Durchschnittlicher Mitgliederbestand}} \times 100$$

Durchschnittlicher Mitgliederbestand (DM)

$$DM = \frac{\text{Jahresanfangsbestand 2013} + \text{Monatsendbestand je Monat 2014}}{13}$$

3.2 Berechnungen der Kennzahlen

Bei der Berechnung der Kennzahlen für die jeweils letzten drei Monate werden hier fiktive Zahlen genutzt, da keine reellen Zahlen aus dem Ausbildungsbetrieb zur Verfügung stehen.

Telefonquote November 2013

$TQ = \frac{57}{72} \times 100$ $\qquad TQ = 79\ \%$

Telefonquote Dezember 2013

$TQ = \frac{47}{51} \times 100$ $\qquad TQ = 92\ \%$

Telefonquote Januar 2014

$TQ = \frac{63}{74} \times 100$ $\qquad TQ = 85\ \%$

Termineinhaltungsquote November 2013

$TEQ = \frac{54}{57} \times 100$ $\qquad TEQ = 95\ \%$

Termineinhaltungsquote Dezember 2013

$TEQ = \frac{26}{47} \times 100$ $\qquad TEQ = 55\ \%$

Termineinhaltungsquote Januar 2014

$TEQ = \frac{62}{63} \times 100$ $\qquad TEQ = 98\ \%$

Abschlussquote November 2013

$AQ = \frac{47}{54} \times 100$ $\qquad AQ = 87\ \%$

Abschlussquote Dezember 2013

$AQ = \frac{19}{26} \times 100$ $\qquad AQ = 73\ \%$

Abschlussquote Januar 2014

$AQ = \frac{61}{62} \times 100$ $\qquad TQ = 98\ \%$

Abb. 2: Entwicklung der Quoten (eigene Darstellung)

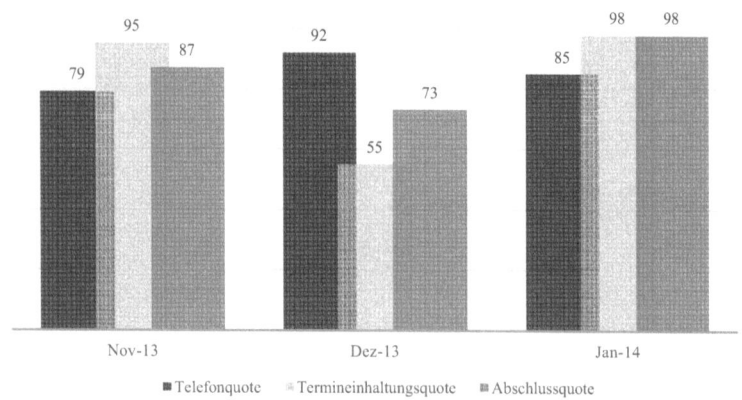

Alle Angaben sind in Prozent zu verstehen.

Man kann deutlich das Verhalten der Kunden zur Weihnachts- bzw. Winterzeit erkennen. Es wird sich eventuell vorgenommen etwas zu ändern, aber die tatsächliche Umsetzung scheitert oftmals am viele Feiertagstrubel. Zum Jahresanfangen hingegen werden versucht die guten Vorsätze für das neue Jahr umzusetzen. Daher die hohe Termineinhaltungs- und Abschlussquote im Januar.

3.3 Fluktuationsquote 2013

Bei der Berechnung der Fluktuationsquote für das letzte Geschäftsjahr wird mit fiktiven Zahlen gerechnet. Zum berechnen des Mehrumsatzes wird von einem monatlichen Durchschnittsbeitrag eines Mitglieds von 20 Euro ausgegangen.

$$DM = \frac{850 + 911 + 931 + 927 + 913 + 931 + 954 + 972 + 968 + 970 + 983 + 1011 + 1027}{13}$$

DM = 950 Mitgliedern

Bei 950 Mitgliedern mit einem Beitrag von 20 Euro ergibt sich ein Jahresumsatz von 19.000 Euro.

$FQ = \frac{290}{950} \times 100$ FQ = 30%

950 MG – 30% FQ = 665 MG

665 MG * 20 € = 13.300 € Umsatz

Der Umsatz beträgt 13.300 Euro bei einer Fluktuationsrate von 30%.

FQ 30% - 5% Senkung = 28,5% FQ

950 MG – 28,5% FQ = 679 MG

679 MG * 20 € = 13.580 € Umsatz

Der Umsatz beträgt 13.580 Euro bei einer 5% Senkung der Fluktuationsrate.

$28,5 = \frac{x}{950} \times 100$ $x = \frac{(950 \times 28,5)}{100}$ x = 271 Abgänge

19 Abgänge im Jahr weniger ergeben einen Mehrumsatz von 280 Euro im Jahr.

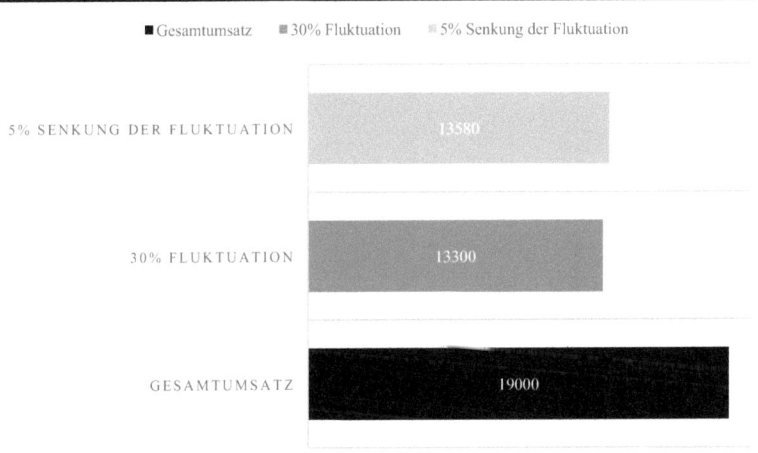

Abb. 3: Fluktuation (eigene Darstellung)

Abschließend lässt sich hierzu sagen, dass bei einem Kleinunternehmen wie diesem sich eine 5% Senkung der Fluktuationsrate bezahlt macht.

TABELLENVERZEICHNIS

Tab. 1: Klassifizierung / Einordnung des Ausbildungsbetriebes 3

Tab. 2: 10 Formulierungen 12

Tab. 3: Testuntersuchung der Männer 14

Tab. 4: Testuntersuchung der Frauen 15

ABBILDUNGSVERZEICHNIS

Abb. 1: Prozentuale Aufteilung der Modi 16

Abb. 2: Entwicklung der Quoten 20

Abb. 3: Fluktuation 21

QUELLENANGABEN

SCHLICK, T. (2011), *Mehr verkaufen mit SPIN*. Produktivität & Business Development

SEELIG, H. & FUCHS, R. (2006). *Messung der sport- und bewegungsbezogenen Selbstkonkordanz*. Zeitschrift für Sportpsychologie, 13 (4), 121-139

SHELDON, K. M. & ELLIOT, A. J. (1999). *Goal striving, need-satisfaction, and longitudinal well-being: The self-concordance model*. Journal of Personality and Social Psychology, 76, 482-497

SOMMER, J. (2009). *Die NLP Erfolgsgeheimnisse der Spitzenverkäufer* (4. Aufl.). Offenbach am Main: Gabal.

RACKHAM, N. (1988). *SPIN Selling*. McGraw-Hill Verlag

RYAN, R. M. & DECI, E. L. (2002). *An overview of self-determination theory. In E. L. Deci & R. M. Ryan (Eds.), Handbook of self-determination research* (pp. 3-36). Rochester, NY: University of Rochester Press

BEI GRIN MACHT SICH IHR WISSEN BEZAHLT

- Wir veröffentlichen Ihre Hausarbeit, Bachelor- und Masterarbeit

- Ihr eigenes eBook und Buch - weltweit in allen wichtigen Shops

- Verdienen Sie an jedem Verkauf

Jetzt bei www.GRIN.com hochladen und kostenlos publizieren